# Klonk
## et le treize noir

## DU MÊME AUTEUR

*Pour les jeunes*

CORNEILLES, Boréal, 1989.

ZAMBONI, Boréal, 1990 • **PRIX M. CHRISTIE**

DEUX HEURES ET DEMIE AVANT JASMINE, Boréal, 1991.
• **PRIX DU GOUVERNEUR GÉNÉRAL**

GRANULITE, Québec Amérique, 1992.

GUILLAUME, Québec Amérique, 1995.
• **MENTION SPÉCIALE PRIX SAINT-EXUPÉRY (FRANCE)**

LE MATCH DES ÉTOILES, Québec Amérique, 1996.

KATE, QUELQUE PART, Québec Amérique, 1998.

DAVID ET LE FANTÔME, Dominique et compagnie, 2000
• **PRIX M. CHRISTIE**

DAVID ET LES MONSTRES DE LA FORÊT,
Dominique et compagnie, 2001.

DAVID ET LE PRÉCIPICE, Dominique et compagnie, 2001.

DAVID ET LA MAISON DE LA SORCIÈRE,
Dominique et compagnie, 2002.

**Série « Klonk »**

KLONK, Québec Amérique, 1993 • **PRIX ALVINE-BÉLISLE**

LANCE ET KLONK, Québec Amérique, 1994.

LE CERCUEIL DE KLONK, Québec Amérique, 1995.

UN AMOUR DE KLONK, Québec Amérique, 1995.

LE CAUCHEMAR DE KLONK, Québec Amérique, 1997.

KLONK ET LE BEATLE MOUILLÉ, Québec Amérique, 1998.

KLONK ET LE TREIZE NOIR, Québec Amérique, 1999.

KLONK ET LA QUEUE DU SCORPION, Québec Amérique, 2000.

COCA-KLONK, Québec Amérique, 2001.

LA RACINE CARRÉE DE KLONK, Québec Amérique, 2002.

**Albums**

L'ÉTÉ DE LA MOUSTACHE, Les 400 coups, 2000.

MADAME MISÈRE, Les 400 coups, 2000.

*Pour les adultes*

LA NOTE DE PASSAGE, Boréal, 1985.

BENITO, Boréal, 1987.

L'EFFET SUMMERHILL, Boréal, 1988.

BONHEUR FOU, Boréal, 1990.

LES BLACK STONES VOUS REVIENDRONT DANS QUELQUES INSTANTS,
Québec Amérique, 1991.

OSTENDE, Québec Amérique, 1994.

MISS SEPTEMBRE, Québec Amérique, 1996.

VINGT ET UN TABLEAUX (ET QUELQUES CRAIES),
Québec Amérique, 1998.

FILLION ET FRÈRES, Québec Amérique, 2000.

JE NE COMPRENDS PAS TOUT, Québec Amérique, 2002.

# Klonk
## et le treize noir

**FRANÇOIS GRAVEL**
**ILLUSTRATIONS : PIERRE PRATT**

ROMAN

84

**QUÉBEC AMÉRIQUE JEUNESSE**
329, rue de la Commune, Montréal (Québec) H2Y 2E1 (514) 499-3000

**Données de catalogage avant publication (Canada)**

Gravel, François

Klonk et le treize noir

(Bilbo jeunesse ; 84)

(Klonk la série ; 7)

ISBN 2-89037-840-3

I. Titre. II. Collection. III. Collection : Gravel, François. Série Klonk ; 7.

PS8563.R388K56 1999 jC843'.54 C99-940328-1

PS9563.K388K56 1999

PZ23.G72Kl 1999

Les Éditions Québec Amérique bénéficient du programme de subventions globales du Conseil des Arts du Canada Elles tiennent également à remercier la SODEC pour son appui financier.

Le Conseil des Arts du Canada | The Canada Council for the Arts

SODEC Québec

Nous reconnaissons l'aide financière du gouvernement du Canada par l'entremise du Programme d'aide au développement de l'industrie de l'édition (PADIÉ) pour nos activités d'édition.

Dépôt légal: 1er trimestre 1999
Bibliothèque nationale du Québec
Bibliothèque nationale du Canada

---

Révision linguistique : Michèle Marineau
Mise en pages : Andréa Joseph [PAGEXPRESS]

Deuxième réimpression : février 2002

# CHAPITRE
# UN

— Si je comprends bien, tu me donnes dix mille dollars pour aller jouer au casino, mais je n'ai pas le droit de gagner. Il faut absolument que je perde. C'est bien cela que tu me demandes ?

— Pourquoi me fais-tu toujours répéter ce que je viens de dire? m'a répliqué Klonk tout en interceptant une raquette de tennis qui volait dans les airs. C'est plus facile de perdre que de gagner, non ? Tu paries n'importe comment, tu flambes dix mille dollars, tu reviens me voir et tu me racontes ce qui s'est passé. Je ne parle pas chinois, il me...

Klonk s'est interrompu pour attraper un dictionnaire qui

traversait lentement le salon, en flottant dans l'espace.

— Je saisis très bien les mots que tu utilises, ai-je répondu à mon ami, mais je ne comprends toujours pas tes intentions : pourquoi insistes-tu pour que je perde ?

— C'est à cela que servent les casinos, non ? Les gens dépensent toutes leurs économies, ils se ruinent, et ils aiment tellement cela qu'ils y retournent ! Je ne...

Klonk s'est arrêté de parler, une fois de plus, pour saisir un fer à repasser qui glissait tout seul sur le tapis du salon. À peine a-t-il eu le temps de le ranger sur le manteau de la cheminée qu'il devait intercepter une agrafeuse qui arrivait en sens inverse et par la voie des airs. Il y eut ensuite un porte-poussière, une imprimante, un lecteur de disques compacts et un hibou empaillé ! Klonk, qui devait chaque fois saisir ces objets et les empiler

dans un coin de la pièce, en avait le souffle court. Et ce n'était pas encore fini : j'ai dû l'aider à attraper des ciseaux, un marteau, un téléphone, un ventilateur, et puis... plus rien.

L'accalmie nous a pris par surprise, et nous sommes restés là, à regarder dans les airs, comme si nous attendions quelque chose d'autre.

— Ouf! a dit Klonk en s'affalant dans un fauteuil. Ils ont fini par s'endormir! Et dire qu'il y a des gens qui s'imaginent que des jumeaux s'entendent toujours à merveille!

Je me suis assis dans un fauteuil à mon tour, et mon ami m'a expliqué que tout cela avait commencé lorsque Charlotte, qui dormait dans le même lit que son frère Charlemagne, avait mordu celui-ci. Charlemagne, pour se venger, lui avait donné un coup de biberon sur la tête. Charlotte avait voulu répliquer de la même manière, mais sa mère venait tout juste de lui enlever son biberon. Charlotte a cependant réussi à le lui arracher des mains par la seule force de sa pensée!

Comme les enfants passaient leur temps à se chamailler, Klonk et Karine ont décidé de les coucher dans deux lits séparés. Mais Charlemagne a vite compris qu'il avait les mêmes pouvoirs que sa sœur : il s'amusait à faire tourner son mobile à toute vitesse, rien que pour l'empêcher de dormir!

Et c'est ainsi que les jumeaux ont découvert, à l'âge de six mois, qu'ils avaient le don de la télékinésie : il leur suffisait de se concentrer pour déplacer des objets dans l'espace!

Klonk et Karine ont ensuite fait dormir leurs enfants dans deux chambres séparées, mais cela n'a rien réglé : toute la maison s'est transformée en champ de bataille!

— Et pas moyen de les raisonner, a conclu Klonk. Ils ne savent pas encore parler! Karine et moi, nous sommes tout simplement épuisés... J'espère que tu comprends mieux, maintenant, pourquoi je te demande de me rendre un petit service : il se passe des choses étranges, depuis quelque temps, au casino de Montréal. Des choses très étranges. Des millions de dollars disparaissent en fumée sans laisser de traces. Les policiers n'y comprennent rien, alors ils ont sollicité mon aide pour résoudre cette énigme. J'ai ma petite idée là-dessus, mais il faudrait que j'aille vérifier quelques détails sur les lieux. Le problème, c'est que je devrais laisser Karine seule avec les bébés, et je ne peux pas m'y résigner. Pour élever des jumeaux, il faut être deux, crois-moi! Mais j'y pense : tu pourrais peut-être rester ici pendant que j'irais au casino? Tu connais les enfants, tu sais comment changer des couches... Je n'en aurais que pour quelques jours...

— ... Garder tes enfants? C'est-à-dire que... Tu les connais mieux que moi, et puis j'ai un peu perdu l'habitude... Je pense que je serai plus utile au casino, à bien y penser. Et puis j'habite Montréal, c'est plus facile pour moi... Tu veux donc que j'aille perdre de l'argent? Pas de problème! Donne-moi dix mille dollars, et je m'en occupe!

▲ ▲ ▲

C'est ainsi que je me suis retrouvé aux portes du casino de Montréal, les poches pleines d'argent qui ne m'appartenait pas, et qu'il me fallait absolument perdre. Rien de plus facile!

C'est du moins ce que je croyais. J'aurais dû savoir, pourtant, que rien n'est simple avec Klonk.

# CHAPITRE
# DEUX

Même si j'habite Montréal depuis toujours, je n'avais jamais visité le casino. Certaines personnes trouvent peut-être amusant de perdre leur argent sans rien obtenir en retour, mais pas moi. Et ce que j'ai vu ne m'a pas fait changer d'idée : des centaines de personnes dépensaient des fortunes dans des machines à sous, en pure perte! Une dame était tout excitée d'avoir gagné cent dollars dans une de ces machines. Elle avait oublié qu'elle en avait déjà dépensé le double! Et si j'étais revenu une heure plus tard, j'aurais sûrement vu la même dame, installée devant sa machine, en train de perdre de nouveau tout ce qu'elle avait gagné. Je ne comprends vraiment pas pourquoi les gens vont dans de pareils endroits alors qu'ils pourraient faire du sport, ou écouter de la musique, ou rester à la maison pour lire un bon livre.

S'il m'avait fallu dépenser mes dix mille dollars dans les machines à sous, j'en aurais eu pour la journée! J'ai donc changé mon argent contre des jetons et je suis allé jouer à la roulette : cela me semblait la façon la plus rapide de perdre de l'argent.

Je me suis trouvé une place à une table où les gens faisaient semblant de s'amuser, et j'ai misé cinq cents dollars sur le numéro treize, en espérant qu'il me porte malheur. Comme il y a trente-sept numéros à la roulette, j'avais une chance sur trente-sept de gagner. Et trente-six chances de perdre!

— Les jeux sont faits, rien ne va plus! a dit le croupier en lançant la bille dans la roulette.

0
00
1
3
5
7
14

J'ai regardé les yeux des joueurs, rivés sur la petite bille d'acier qui tournait, tournait... Tout le monde souhaitait qu'elle s'arrête sur leur numéro, sauf moi! *Ne t'arrête pas sur le treize, petite bille, je veux perdre! Non, pas là, ne tombe pas dans ce casier, je t'en prie, continue, continue!*

— Treize, noir! a dit le croupier.

Je n'ai pas eu le temps de respirer qu'il poussait des dizaines de jetons devant moi. Des jetons qui représentaient la somme de... dix-sept mille cinq cents dollars!

Comme il me semblait peu probable d'être aussi malchanceux deux fois de suite, j'ai décidé de miser encore cinq cents dollars, le montant maximum permis, sur le treize. Quand le croupier a lancé sa bille, j'étais confiant : ce numéro ne pouvait quand même pas sortir deux fois de suite! *Continue, petite bille, ou plutôt arrête-toi avant d'arriver sur le treize, non, continue... Non!!!*

— Treize, noir!

Le croupier poussait encore vers moi des dizaines de jetons, sous les yeux ébahis de l'assistance. J'étais donc plus riche, une fois de plus, de dix-sept mille cinq cents dollars! N'y avait-il pas moyen de perdre, dans ce casino? Pour en avoir le cœur net, j'ai décidé de miser encore une fois sur le treize noir. Il ne pouvait tout de même pas sortir trois fois de...

— Treize, noir!

Peut-être que cette table me portait malchance, si je puis dire? Je suis donc passé à une autre table, où j'ai misé, cette fois, sur le numéro sept. *Roule, petite bille, et arrête-toi n'importe où, sauf sur le...*

— Sept, rouge!

On ne peut pas gagner quatre fois de suite à la roulette, c'est impossible! Et si c'était possible, cela ne se reproduirait certainement pas une cinquième fois. J'ai donc misé encore cinq cents dollars sur le sept, et encore cinq cents dollars sur les numéros impairs, et cinq cents dollars sur les rouges... *Roule, petite bille!*

— Sept rouge!

Et j'ai joué, encore et encore, jusqu'à ce que j'aie gagné la coquette somme de... deux millions de dollars. Deux millions de dollars! J'étais devenu deux fois millionnaire en une seule soirée, et sans le vouloir! Deux millions de dollars qui m'appartenaient à moi, à moi tout seul, et avec lesquels je pouvais faire ce que je voulais! Peut-être que j'avais des talents cachés, comme mon ami Klonk? C'était certainement cela, oui : j'étais incapable de perdre, j'étais plus fort que le hasard, j'étais un génie de la roulette! Je savais ce qu'il me restait à faire : téléphoner à Klonk pour lui dire que j'étais sincèrement désolé de n'être pas venu à bout de la mission qu'il m'avait confiée, lui rembourser ses dix mille dollars, et ensuite... acheter deux billets d'avion pour Tahiti ! À moins que je n'achète d'abord une Ferrari ?

C'est à ce moment-là que j'ai senti une main se poser fermement sur mon bras :

— Veuillez me suivre, monsieur...

Je me suis tourné vers l'individu qui m'avait interpellé et j'ai compris, à son regard, que je ne pourrais pas refuser son invitation. Un autre bonhomme était venu se poster de l'autre côté. Pas moyen de fuir.

Des policiers, évidemment.

J'étais dans de beaux draps : il me fallait les convaincre que je n'avais pas triché ! Est-ce que je pourrais leur expliquer que j'étais venu pour perdre, mais que je n'avais malheureusement pas réussi ?

# CHAPITRE TROIS

Les policiers m'ont escorté jusque dans une petite pièce, au sous-sol du casino, là où deux autres policiers m'attendaient. L'un était gros comme un lutteur de sumo et l'autre était petite comme une souris. J'ai bien dit petite, oui : c'était une policière. Je me doutais bien de ce qui se passerait : ils me braqueraient une lampe dans les yeux, comme on voit dans les films, ils me souffleraient de la fumée de cigarette dans le visage jusqu'à ce que je leur avoue que j'avais dissimulé sur moi une sorte de machine électronique capable d'agir à distance sur les roulettes, ou quelque chose dans ce genre-là.

Si je refusais de répondre, ils me fouilleraient, et peut-être même qu'ils menaceraient de me tabasser! Mais je ne dirais rien. Rien de rien. Sauf sous la torture, évidemment...

— Bienvenue chez nous, monsieur Fred, m'a dit le lutteur de sumo, un grand sourire aux lèvres. Désirez-vous un café, un thé, un jus de fruits ? Nous avons aussi de délicieux petits gâteaux et des biscuits feuille d'érable. Servez-vous, je vous en prie.

— Nous espérons que vous avez aimé votre séjour au casino, a ajouté la souris. Ce n'est pas toujours facile de perdre de l'argent, n'est-ce pas ?

— Vous voulez dire que...

— Que nous vous attendions, oui. Klonk nous avait prévenus de votre visite. Et c'est lui, évidemment, qui vous a fait gagner tout cet argent. C'est quand même un exploit, quand on y pense : Klonk se trouve chez lui, à Québec, et vous à Montréal. Nous lui communiquons par téléphone les numéros sur lesquels vous pariez, et il réussit, par la seule force de sa pensée, à vous faire gagner quelques millions de dollars... Vous voilà deux fois millionnaire!

— ... Vous comptez donc me laisser toute cette fortune?

— Temporairement, oui. Il vous reste cependant à la rapporter chez votre ami Klonk. C'est là que ça se corse...

Les deux policiers m'ont alors expliqué leur problème : il était arrivé des dizaines de fois, depuis quelques semaines, que des gagnants se fassent dérober tous leurs gains. Ils étaient riches en sortant du casino, mais ils n'avaient plus un sou quand ils rentraient chez eux! C'est donc sur le chemin du retour qu'il se produisait quelque chose. Ils ne se faisaient cependant pas agresser par des bandits, ni dévaliser par des pickpockets. On aurait dit que l'argent s'évanouissait dans leurs poches!

— C'est pourquoi nous comptons sur vous..., a dit le lutteur de sumo.

— ... pour que vous vous fassiez voler votre argent, a complété la souris. Vous avez laissé votre automobile dans le stationnement, j'imagine?

— C'est ça, oui...

— Parfait! Voici notre plan : nous allons déposer tous vos gains dans cette valise. Une valise à toute épreuve, fermée par un cadenas hyper sophistiqué. La valise contient aussi un émetteur radio, qui nous permettra de la suivre partout. Et les billets seront marqués, cela va de soi. Deux policiers vous escorteront discrètement jusqu'au stationnement, qui est d'ailleurs constamment surveillé par des caméras. Vous récupérerez votre automobile, et vous

vous rendrez directement chez votre ami Klonk, sans jamais vous arrêter. Vous serez escorté par deux voitures de police banalisées. Si un voleur se présente, il sera aussitôt coincé.

— ... Si je réussis, est-ce que je garderai l'argent ?

— Nous en avons discuté avec les autorités : si vous menez à bien votre mission, nous vous offrons une prime de deux cent mille dollars. Est-ce que cela vous paraît convenable ?

Klonk m'avait d'abord demandé de perdre dix mille dollars au casino, et voilà que des policiers m'offraient deux cent mille dollars pour que je m'en fasse voler deux millions ! Dans quelle bizarre aventure mon ami m'avait-il encore entraîné ?

J'ai accepté leur offre, évidemment, et j'ai regardé les deux policiers placer les liasses de billets dans la valise, puis la fermer à clé. Il existait seulement deux clés pouvant ouvrir la valise. J'ai glissé l'une de ces clés dans ma poche, et l'autre serait constamment sous surveillance policière, dans le coffre-fort du casino.

J'ai pris la valise et je suis sorti, entouré de quatre policiers en civil qui m'ont accompagné jusqu'à mon automobile.

Quand j'ai quitté le stationnement, mon automobile était escortée de deux automobiles banalisées de la police, dans lesquelles se trouvaient huit policiers, armés jusqu'aux dents.

Il ne pouvait rien arriver à cette valise, rien ! Je n'avais qu'à rouler sur une autoroute jusqu'à Québec pour me retrouver plus riche de deux cent mille dollars !

# CHAPITRE QUATRE

Depuis que je connais Klonk, il m'est arrivé des dizaines de fois de faire le trajet de Montréal à Québec, mais jamais je n'avais trouvé le voyage si long. Il faut dire que j'ai parfois l'imagination un peu trop fertile : chaque fois qu'un camion me dépassait, j'avais peur qu'il me fasse une queue de poisson et qu'une bande de malfaiteurs armés de mitrailleuses et de lance-roquettes sorte de la remorque. Ou bien que la route s'ouvre sous mes roues et que je tombe dans une immense trappe. Ou encore qu'un hélicoptère me poursuive, que des bandits attrapent mon automobile dans un filet, qu'ils la

soulèvent dans les airs et qu'ils la secouent jusqu'à ce que la valise en tombe. Je n'ai même pas osé allumer la radio, de crainte que des bandits ne l'utilisent pour m'hypnotiser!

Quand j'ai finalement traversé le pont de Québec, vers minuit, mes craintes se sont décuplées : y a-t-il meilleur endroit pour une embuscade que les rues tortueuses d'une vieille ville?

Mais il n'y a pas eu d'embuscade ni de traquenard, et je suis arrivé sain et sauf chez Klonk et Karine, qui m'attendaient sur le pas de leur porte.

Je suis descendu avec la valise, que je n'avais jamais quittée des yeux, tandis que mes amis se plaçaient tous deux l'index sur la bouche. J'ai vite compris leur message : les jumeaux venaient tout juste de s'endormir, il fallait faire attention de ne pas les réveiller.

— Installons-nous dehors, m'a chuchoté Karine. Sur la table à pique-nique. C'est là que nous nous installons, le soir, pour jouer au scrabble... Quand les jumeaux nous en laissent le temps, bien sûr.

J'ai déposé la précieuse valise sur la table, tandis que les policiers se postaient aux quatre coins de la cour. Klonk, pendant ce temps, allumait des chandelles pour nous éclairer.

J'ai sorti la clé de ma poche, je l'ai introduite dans la serrure et j'ai tourné un quart de tour vers la droite, puis deux tours vers la gauche, comme me l'avaient indiqué les policiers.

Et dans la valise, cette valise que je n'avais jamais quittée des yeux, cette valise que j'avais apportée chez Klonk sous escorte policière et sans jamais m'arrêter une seconde, pas même pour faire pipi, nous avons trouvé, sous d'épaisses couches d'ouate... un œil de verre!

Klonk, Karine et moi n'avons pas pu nous empêcher de pousser un cri de surprise qui a attiré les policiers autour de nous.

Comment était-il possible que l'argent ait disparu sans que je m'en sois aperçu? Nous avons inspecté minutieusement la valise pour voir s'il ne s'y trouverait pas un double fond, ou des miroirs, ou un trucage de ce genre, mais il n'y avait rien. Rien d'autre que cet œil de verre sinistre qui semblait toujours nous observer, quelle que soit la façon dont on le plaçait, et dans lequel se reflétaient les flammes des chandelles.

Qui donc avait bien pu dérober les billets et les remplacer par cet objet morbide?

— Morley, a chuchoté Klonk, comme s'il lisait dans mes pensées.

Morley, bien sûr. Ce même Morley qui s'était épris de

Karine, autrefois, et qui ne s'était jamais consolé de sa peine d'amour. Il fallait un magicien pour faire disparaître ainsi des objets dans une valise fermée à clé, et Morley était un très habile magicien. Mais comment avait-il fait???

— C'est ce que nous saurons bientôt, a répondu Klonk avant même que j'aie eu le temps de formuler ma question!

— Parfois, Klonk, j'ai vraiment l'impression que tu lis dans mes pensées.

— Ce n'est pas très difficile : ton cerveau est tellement banal que... Ah, les voilà!

Je me suis tourné vers la porte de la cour, que venaient tout juste de franchir le lutteur de sumo et la petite souris.

— Avec ceci, a dit le lutteur du sumo, nous les tenons!

Dans sa grosse main potelée, il tenait une cassette vidéo, qu'il nous a montrée fièrement.

— Nous avons tout filmé, a ajouté la policière qui ressemblait à une souris. Avec cette preuve, nos voleurs sont coincés!

— J'en doute, ai-je chuchoté à Klonk. Si Morley peut faire disparaître de l'argent dans une valise fermée à clé, il doit être capable d'effacer le contenu d'une bande vidéo, non?

— Il en est sûrement capable, m'a-t-il répondu. Mais l'a-t-il voulu? N'oublie pas que les magiciens ont toujours besoin de spectateurs...

Nous n'avons pas eu le temps de poursuivre la conversation : deux minutes plus tard, nous étions tous assis en rond devant le téléviseur, à regarder un bien drôle de film.

# CHAPITRE
# CINQ

Imaginez un film en noir et blanc. Un film muet, sans musique ni dialogues, tourné par des amateurs avec de très mauvais appareils, et dont le seul décor serait un stationnement mal éclairé. Rien de bien palpitant! Et pourtant nous étions tous là, les yeux rivés sur le téléviseur de Klonk, attentifs au moindre détail. S'il y avait eu du pop-corn, nous aurions sûrement oublié d'en manger.

Les premières images nous montrent un homme – moi – qui marche lentement dans le stationnement, une valise à la main, sous l'étroite surveillance de quatre policiers.

Je suis presque arrivé à mon automobile lorsque je suis arrêté par un tout petit bonhomme, presque un nain, qui porte une casquette deux fois trop grande pour lui et un uniforme mal taillé. Comment se fait-il que j'aie complètement oublié cette rencontre? Je me souviens très bien de cet individu, maintenant que je le revois : à cause de son uniforme, je l'avais pris pour un préposé au stationnement.

Le petit bonhomme se poste devant moi et il lève la main à la hauteur de mes yeux pour que je m'arrête.

Je regarde sa main, puis je me penche vers ma valise, que j'ouvre avec ma clé, et je lui remets sans sourciller les deux millions de dollars qu'elle contient! Je lui donne tout mon argent sans m'en apercevoir, le sourire aux lèvres! Et j'affiche encore un sourire béat lorsque je vois le petit bonhomme déposer l'œil de verre dans la valise vide!

Devant chacun des quatre policiers chargés de m'escorter se trouve aussi un petit préposé au stationnement, exactement semblable au mien. Et chacun de ces préposés a la main levée à la hauteur des yeux des policiers. Cela explique que ceux-ci ne soient pas intervenus!

— Je reconnais là Morley, a dit Karine. Il a toujours été un maître de l'hypnose, et il a toujours aimé se dédoubler.

Tous les préposés se regroupent ensuite en un seul, beaucoup plus grand, qui dépose ses deux millions de dollars dans le coffre arrière d'une immense limousine noire. Lorsque le coffre est refermé, Morley s'approche lentement d'une des caméras. Nous pouvons maintenant le voir, au centre de l'écran : un homme très grand et très laid, qui lève la main à la hauteur de la lentille. Et dans cette main se trouve... un œil! Un œil vivant, avec une paupière qui se ferme et qui s'ouvre, et qui laisse entrevoir des lueurs diaboliques!

Les yeux toujours rivés sur le téléviseur de Klonk, nous avons été tellement surpris que, tous en même temps, nous avons poussé un cri horrifié.

Ensuite, plus rien : le film s'est arrêté, et nous a laissés le cœur battant.

Nous restions tous là, ahuris, dans un silence que rien ne venait troubler.

— Las Vegas! a fini par dire Klonk.

Nous nous sommes tous tournés vers lui : il était blanc comme un drap.

— Le casino, le préposé au stationnement, l'œil de verre dans une valise, la limousine... Tout ce que nous venons de voir dans ce film, je l'ai vu en rêve, la nuit dernière! Quand je suis arrivé à la scène de l'œil dans la main, je me suis réveillé en hurlant. Quel horrible cauchemar! Tu te souviens, Karine?

—Je me souviens, oui, tu étais couvert de sueur... Et ensuite?

—Ensuite, je me suis levé pour aller manger un sandwich au salami, je suis retourné me coucher et j'ai fini par me rendormir. Mais le cauchemar s'est poursuivi. Je l'ai même repris exactement là où je l'avais laissé : il y avait cet œil dans la main, et puis des casinos dans le désert, des tourbillons de lumières, un bateau de pirates, et des millions de dollars qui tombaient du plafond... À la fin du rêve, j'ai entendu la voix de Morley : «Nous nous retrouverons, Klonk!» Et puis je me suis réveillé, de nouveau couvert de sueur... Il faut aller à Las Vegas, impossible de faire autrement!

— Tu as raison, a dit Karine. Sinon, nous n'aurons aucun répit...

— Un instant, ai-je dit. Le rêve de Klonk est troublant, je l'admets, mais ce n'est quand même qu'un rêve! Et c'est sur la foi d'un simple rêve que tu veux aller à Las Vegas? Excuse-moi de te parler aussi crûment, Klonk, mais je considère que ton comportement est insensé.

— Tu te trompes, m'a répondu Klonk. Ce n'est pas *moi* qui pars pour Las Vegas, c'est *nous* qui sautons dans le prochain avion.

— Quoi? Moi? Mais que...

— Il n'y a pas de quoimoimèque! Et d'ailleurs ça ne veut rien dire, ça, quoimoimèque! Il faut en finir avec ce Morley de malheur, et pour cela, il faut que tu viennes avec moi!

— Mais pourquoi? Pourquoi moi?

— Parce que j'ai peur, et parce que j'ai besoin d'un ami à

mes côtés. Est-ce que ça répond à ta question ?

Klonk ne cessera jamais de m'étonner : jamais je ne l'aurais cru capable d'un tel aveu.

J'ai acquiescé à sa demande, évidemment. Comment aurais-je pu faire autrement ?

Pendant que les policiers repartaient pour Montréal, j'ai téléphoné à Agathe, mon épouse, pour lui raconter ce qui était arrivé. Que nous partions pour Las Vegas sur la foi d'un simple rêve ne l'a pas surprise outre mesure : il y a tellement longtemps qu'elle connaît Klonk qu'elle ne s'étonne plus de rien. Il faut dire aussi qu'Agathe est toujours d'un calme imperturbable, et c'est grâce à cette qualité qu'on fait souvent appel à ses services pour mater les émeutes dans toutes les prisons du pays. Je me serais senti beaucoup plus en sécurité si elle nous avait accompagnés, mais son travail l'en empêchait.

— J'irai aider Karine à garder les jumeaux aussitôt que je le pourrai, m'a-t-elle dit. C'est bien le moins que je puisse faire... Et bonne chance!

Était-ce mon imagination qui me jouait des tours, ou y avait-il vraiment quelques traces d'inquiétude dans sa voix?

Ce qui est certain, c'est que je n'ai pas pu rêver, cette nuit-là : étendu sur mon lit, dans la chambre des invités, j'ai été incapable de m'endormir. J'avais bien trop peur de rêver à un œil dans une main!

Klonk et Karine avaient raison : il fallait en finir avec ce Morley de malheur, sinon nous en ferions des cauchemars pour le reste de nos jours, et surtout pour le reste de nos nuits.

# CHAPITRE
# SIX

— Regarde celui-là ! m'a dit Klonk. Depuis que nous sommes partis, il n'a pas cessé de faire des additions sur sa calculatrice ! Il devrait pourtant savoir, à son âge, que les seules personnes qui s'enrichissent par le jeu sont les propriétaires des casinos ! Pourquoi n'admire-t-il pas les nuages, au lieu de perdre son temps ? Ce serait bien plus intéressant !

Mais Klonk ne contemplait pas les nuages, lui non plus : il observait plutôt les voyageurs et faisait des commentaires sur chacun d'eux.

Notre avion était évidemment plein à craquer de joueurs : il n'y a rien d'autre à faire à Las Vegas, cette ville bâtie au milieu du désert, que de jouer aux cartes et à la roulette. Klonk s'amusait donc à étudier les étranges comportements des passagers : certains consultaient des livres sur les probabilités, d'autres s'entraînaient à jouer aux cartes sur leurs ordinateurs de poche, d'autres encore discutaient entre eux des mérites de leurs porte-bonheur respectifs.

— Et dire qu'il y a parmi eux des banquiers, des hommes d'affaires, des professeurs, disait Klonk. Ils se croient sérieux et intelligents, et ils s'imaginent pourtant qu'ils sont plus forts que le hasard! Les humains sont vraiment de drôles d'animaux!

Klonk ne cessait pas de m'étonner, lui non plus. Depuis que nous étions partis, il n'avait pas arrêté de bavarder comme la pire des commères : et regarde-moi celui-ci, et qu'est-ce que tu penses de celui-là, et patati, et patata... Quand il en a eu fini avec les passagers, il m'a parlé de Karine et de ses enfants, et des nuages, et des avions, et de n'importe quoi, et encore de Karine et de ses enfants... J'ai fini par comprendre que mon ami avait peur et que c'était pour cette raison qu'il parlait tout le temps. Il cherchait à s'étourdir, tout simplement.

Et il a réussi, en apparence tout au moins : après trois heures de vol, il semblait avoir oublié que nous n'étions pas de simples touristes, mais que nous allions affronter Morley, le pire ennemi qui se puisse imaginer.

Mon ami semblait si détendu, je dirais même enjoué, que je me suis calmé à mon tour. Ses phrases faisaient comme une musique, et je me sentais rassuré. Je me suis mis à parler de mes enfants, moi aussi. De ma fille, qui fait de brillantes études en mathématiques à l'université de Vancouver, et dont je suis très fier. De mon fils, qui mange toujours beaucoup trop de pizzas pochettes, mais qui étudie très fort, lui aussi, pour devenir dessinateur. Et d'Agathe, qui adore son métier, même s'il est très dangereux, et dont je suis toujours aussi amoureux.

Klonk, pour une fois, semblait m'écouter attentivement.

— C'est quand même drôle, a-t-il dit à la fin de mon petit discours. Qui donc aurait pu prévoir, lorsque nous nous sommes connus, à l'école primaire, que nous aurions aussi vite quarante ans, et des cheveux blancs, et que nous serions mariés, et que nous aurions des enfants... Le temps passe si vite!

— Et il passe bien, ai-je ajouté. Une femme qu'on aime et qui nous aime, des enfants qui n'en finissent plus de grandir, un vieil ami parfois bizarre, mais toujours fidèle… Que peut-on demander de plus ?

Nous étions bien, tous les deux, à bavarder dans cet avion qui flottait doucement dans un ciel absolument bleu, sans aucun nuage. L'avion avait amorcé sa descente, et je pouvais voir, par le hublot, le désert du Nevada, avec ses montagnes plates, ses cactus géants et ses troupeaux d'yeux sauvages.

*Ses troupeaux d'yeux sauvages???* Je n'ai pas eu le temps de regarder une deuxième fois : le ciel s'est soudainement couvert d'une épaisse couche de nuages, noirs comme de l'encre, d'où sortaient des éclairs aveuglants.

Et l'avion, cet immense Boeing dans lequel je me sentais jusque-là en parfaite sécurité, s'est mis à trembler et à être agité de terribles secousses. Il m'est souvent arrivé, au cours de ma vie, de voyager en avion et de traverser des zones de turbulences,

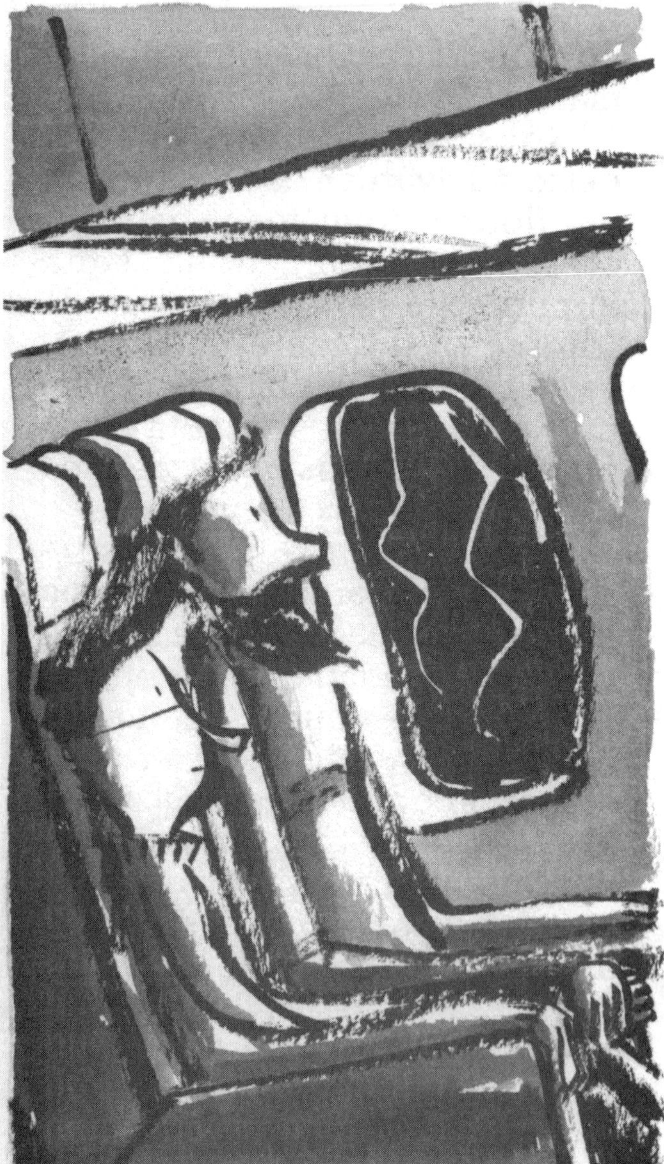

et je n'ai jamais eu vraiment peur. Mais cette fois-là, c'était mille fois pire : on aurait dit qu'un géant avait saisi l'avion dans ses mains et qu'il s'en servait comme d'un hochet!

J'aurais voulu rester calme, mais je n'y suis pas arrivé : des sueurs froides ont coulé dans mon dos lorsque toutes les lumières se sont éteintes en même temps. D'une seconde à l'autre, nous passions de l'obscurité la plus totale à la lumière aveuglante des dizaines d'éclairs qui venaient s'écraser sur les hublots. Des éclairs qui entouraient la carlingue, comme des tentacules électriques, et qui ont réussi à immobiliser l'avion dans le ciel! Les moteurs se sont alors arrêtés, et notre appareil est resté immobile, au milieu des nuages.

C'était plus que je ne pouvais en supporter : je me suis évanoui.

▲ ▲ ▲

Lorsque j'ai repris conscience, l'avion avait atterri, apparemment sans problème, et roulait tranquillement vers l'aérogare.

— Ce Morley, tout de même, quel phénomène! m'a dit Klonk. J'avoue qu'il a réussi à me faire peur, à moi aussi.

— Tu veux dire que...

— Que tout cela n'était qu'une illusion, évidemment. Je l'ai compris lorsque je me suis aperçu que les autres passagers continuaient à lire ou à calculer sur leurs ordinateurs portables, comme si de rien n'était.

— ... Mais où est-il, ce Morley? Et comment peut-on hypnotiser quelqu'un à distance?

— Ce n'est pas vraiment de l'hypnose. Je dirais plutôt qu'il nous expédie, via les ondes de son cerveau, ses propres cauchemars... Et mon intuition me dit que nous n'avons pas fini d'en recevoir!

J'ai regardé autour de moi : les passagers semblaient en effet très calmes, comme si le voyage s'était déroulé sans le moindre pépin.

Klonk avait donc raison : Morley maîtrisait si bien les ondes de son cerveau qu'il arrivait à contrôler le nôtre ! Non seulement arrivait-il à se transformer en préposé au stationnement ou en insecte géant, mais il pouvait aussi s'insinuer dans nos pensées et y créer des hallucinations ! Mon ami Klonk serait-il assez fort pour affronter ce Morley de malheur, ce maître de l'hypnose et des métamorphoses ?

— J'ai des pouvoirs, moi aussi, m'a alors dit Klonk. Malheureusement pour Morley, je ne compte pas les utiliser !

Comment Klonk avait-il réussi à lire dans mes pensées, une fois de plus ? Et pourquoi ne voulait-il pas utiliser ses pouvoirs ?

Qu'est-ce que tout cela signifiait?

— N'oublie pas, a-t-il simplement dit en quittant l'avion, que Las Vegas est la capitale du jeu. Nous allons bien nous amuser, crois-moi!

Je connais Klonk depuis longtemps. Quand il affiche ce genre de sourire satisfait, je sais que je ne tirerai rien de lui.

# CHAPITRE
# SEPT

— Conduisez-nous dans le quartier des hôtels et contentez-vous de rouler, a dit Klonk au chauffeur de taxi. Je vous dirai quand vous arrêter.

Le chauffeur a esquissé un sourire quand il a amorcé le compteur. Une demi-heure plus tard, nous avons compris pourquoi : il n'avait pas cessé de rouler, et nous étions toujours dans le quartier des hôtels ! Las Vegas n'est pas vraiment une ville : il n'y a que des hôtels et des casinos, des hôtels et des casinos, et encore des hôtels et des casinos, et ainsi de suite jusqu'à ce qu'on se retrouve dans le désert. On revient alors sur nos pas et on

HOTEL

prend une autre rue, dans laquelle il n'y a, encore une fois, que des casinos et des hôtels.

Comme ils doivent rivaliser d'imagination pour attirer les touristes, certains propriétaires ont eu l'idée de décorer leur façade de lumières multicolores. Tous les autres les ont cependant imités, si bien qu'il fait plus clair la nuit que le jour! Les habitants de Las Vegas ont donc pris l'habitude de dormir pendant l'après-midi, qui est souvent la période la plus tranquille de la journée. Et ils sortent la nuit, munis de leurs lunettes noires! C'est vraiment une ville de fous.

Lorsque tous les hôtels ont fini par ressembler à des arbres de Noël carrés, d'autres propriétaires ont essayé de se distinguer en construisant des édifices de plus en plus grands, et aux formes les plus saugrenues. Au début, j'ai trouvé amusants ces hôtels en forme de montgolfières, de sphinx, de pyramides ou de moulins à vent, mais, plus nous roulions, plus je trouvais cela ridicule, et même très laid.

J'ai fini par me demander pourquoi nous roulions depuis si longtemps : derrière leurs façades tape-à-l'œil, ces hôtels n'étaient-ils pas tous pareils, au fond? Une chambre avec deux lits et une douche, voilà tout ce dont nous avions besoin, non?

— Arrêtez-vous ici, a finalement dit Klonk au chauffeur. C'est cet hôtel-là que je veux!

L'hôtel en question s'appelait le *Golden Pirate*. Il avait la forme d'un vaisseau de pirates, mais un vaisseau dont tous les cordages, les mâts et les voiles auraient été constitués d'ampoules électriques multicolores.

Notre chambre, immense, contenait deux lits en forme de canots de sauvetage et des baignoires à remous déguisées en bouées. Il n'y avait pas de commodes, mais d'immenses coffres au trésor, directement posés par terre. Au milieu du salon se trouvait une roue de gouvernail servant à ouvrir les rideaux, qui se déployaient comme des voiles. Et les fenêtres ressemblaient à de gigantesques hublots. J'avoue que c'était amusant.

— C'est une bonne idée d'avoir choisi cet hôtel, ai-je dit à Klonk. J'ai toujours aimé les histoires de pirates.

— Je ne l'ai pas *choisi*, m'a-t-il répondu aussitôt. As-tu oublié qu'il y avait un bateau de pirates, dans mon rêve?

Ce que nous avait raconté Klonk m'est soudainement revenu à la mémoire : un œil dans la main, un casino dans le désert, un tourbillon de lumières, un bateau de pirates... Klonk essayait donc de recommencer son cauchemar, ou plutôt de le vivre?

Qu'est-ce que tout cela voulait dire? Et qu'est-ce qu'il y avait après le bateau de pirates, déjà? J'avais beau me creuser la cervelle, pas moyen de m'en souvenir... Vous vous en souvenez, vous?

— Tu perds la mémoire en vieillissant, mon pauvre Fred, a alors dit Klonk. Tu ne te souviens plus du cinquième élément de mon rêve?

— Encore! Mais peux-tu me dire, à la fin, comment tu arrives à lire dans mes pensées?

— Il suffit d'avoir le sens de l'observation. J'ai vu des rides se creuser sur ton front pendant que tu comptais sur tes doigts. Il y avait cinq éléments dans mon rêve, et tu as arrêté au quatrième doigt... Il n'y a pas de sorcellerie là-dedans, comme tu vois! Après le bateau de pirates, donc, j'ai rêvé à des milliers de dollars qui tombaient du plafond.

— C'est vrai! Ça me revient, maintenant. Et qu'est-ce que ça signifie?

— Je n'en ai aucune idée.

— Ah bon... Et qu'est-ce qu'on va faire?

— On va aller jouer au casino, évidemment. Quoi d'autre? Mais comme je déteste les jeux de hasard, j'ai la ferme intention de tricher. Qu'est-ce que tu dirais de gagner quelques millions de dollars?

—... Je... Cela pourrait être amusant, mais ne sommes-nous pas venus ici pour affronter Morley?

— Il va bien finir par se manifester, n'aie pas peur. Et, comme je le connais, il va essayer de nous surprendre au moment où nous nous y attendrons le moins... Quoi qu'il arrive, Fred, dis-toi bien que tout cela n'est qu'illusion, pure illusion! Et maintenant, allons tricher!

# CHAPITRE HUIT

Nous sommes donc sortis dans la rue, à la recherche d'un casino.

Comme il y en avait deux juste à la sortie de l'hôtel, nous avons tiré à pile ou face, ce qui est sûrement la meilleure chose à faire à Las Vegas, et nous nous sommes retrouvés au *Western Saloon Casino*. Le décor, comme on peut le deviner, représentait une ville du Far West, avec son saloon, sa prison et ses trottoirs de bois. Il y avait même un véritable bateau à aubes, comme ceux qui remontaient le Mississippi! Il ne manquait qu'un croque-mort pour qu'on se croie dans un album de Lucky Luke! Je commençais à

trouver que cette aventure de Klonk était la plus agréable de toutes celles auxquelles j'avais participé.

En plus, j'avais la chance d'être avec le meilleur tricheur du monde, qui pouvait se concentrer sur la bille et la faire s'arrêter sur le numéro de notre choix!

— Mise sur le treize, m'a chuchoté Klonk. Cela devrait te porter bonheur.

— *Thirteen, black!* a bientôt annoncé le croupier. Du coup, j'étais plus riche de trente-cinq mille dollars!

— Maintenant, a dit Klonk, mise sur... le huit, disons?

— *Eight, red!*

Il m'avait suffi de déposer un jeton de plastique sur un numéro pour être de nouveau plus riche de trente-cinq mille dollars! Dire qu'il y a des gens qui n'en gagnent pas autant dans toute une année, et même dans toute leur vie!

— Maintenant, a dit Klonk, nous allons miser tous les deux sur le vingt-sept.

J'ai suivi son conseil, et...

— *Eighteen, black!*

— Mais... Qu'est-ce que ça veut dire? Pourquoi est-ce que tu m'as fait perdre?

— Parce que je ne connais pas les policiers de Las Vegas, et que je n'ai aucune envie d'aller visiter leurs prisons. Gagner trois fois de suite, ça commencerait à paraître louche... Je pense qu'il faudrait perdre encore une fois ou deux... Parie sur le dix-huit, maintenant. Je vais me concentrer sur le douze...

— *Twelve, red!*

Klonk avait raison : le croupier, qui nous regardait d'un drôle d'air un peu plus tôt, affichait maintenant une mine plus détendue. Nous en avons profité pour gagner quelques milliers de dollars, avant de perdre de nouveau.

Une heure plus tard, nous avions gagné et perdu, et regagné et reperdu, et regagné une fois de plus, pour nous retrouver finalement avec la jolie somme de deux cent mille dollars.

Ce petit jeu devenait drôlement ennuyant, alors nous sommes allés dans une salle réservée aux millionnaires. Cette salle était identique à toutes les autres, si ce n'est qu'on pouvait parier tout ce qu'on voulait.

— Tiens-toi bien, m'a dit Klonk, nous allons vivre des émotions fortes. Je parie tout ce que nous possédons sur le treize. Si nous gagnons, nous serons plus riches de sept millions de dollars! Ensuite, nous arrêtons, c'est promis.

— Les jeux sont faits, rien ne va plus! a dit le croupier en anglais. Je regardais la bille d'acier tourner et tourner et tourner encore dans la soucoupe, en espérant qu'elle s'arrêterait sur le treize. La bille roulait toujours. Plus elle roulait, plus elle semblait prendre de la vitesse, défiant ainsi toutes les lois de la physique. Je ne voyais plus les chiffres, mais seulement une spirale noire qui semblait vouloir m'entraîner en son centre. J'ai essayé de détourner les yeux, mais j'en étais incapable. Il n'y avait que cette spirale noire qui m'attirait. Mes pieds semblaient coulés dans du béton, et j'avais la tête lourde. Il faisait noir, affreusement noir, et je n'entendais que le clapotis d'un ruisseau d'eau glacée qui me coulait entre les pieds. Puis un hurlement sinistre m'a percé les oreilles, et je suis tombé dans un gouffre sans fond...

# CHAPITRE
# NEUF

Je me suis retrouvé dans une grotte éclairée par la faible lueur des flambeaux accrochés aux parois. Sous mes pieds coulait une eau noire, glaciale. Il faisait horriblement froid dans cette caverne, et je n'étais vêtu que d'un pantalon d'été et d'une chemise à manches courtes. Je grelottais, et je ne suis pas certain que c'était seulement à cause du froid : qu'est-ce que je faisais là, moi, alors que j'aurais dû être tranquillement en train de gagner quelques millions de dollars au casino ? Est-ce qu'il y avait une trappe dans le plancher ? Est-ce que j'étais dans une véritable grotte ? Et où était Klonk ?

J'ai laissé mes yeux s'habituer à la pénombre, pour découvrir bientôt que je ne me trouvais pas vraiment dans une caverne, puisque les murs, à moitié recouverts de mousse, étaient faits de pierres taillées. Ce n'était pas non plus un égout, puisqu'il n'y avait aucune odeur particulière, si ce n'est un léger parfum de soufre. On aurait dit que j'étais dans le souterrain d'un château du Moyen Âge, un souterrain qui ne semblait pas avoir de fin.

Devant moi, très loin, j'ai cru percevoir une faible lueur jaunâtre. Et derrière, tout aussi loin, un hurlement sinistre, qui ne cessait de s'amplifier.

J'ai décidé d'avancer, tout doucement, en prenant garde de ne pas perdre pied sur le sol humide. Plus j'avançais, plus la voûte se refermait sur moi, et, rapidement, j'ai dû pencher la tête pour éviter de la cogner sur l'un ou l'autre des immenses anneaux de métal qui pendaient du plafond. Il n'y avait pas de toiles d'araignées, Dieu soit loué : je déteste les araignées.

J'avançais donc, mais on aurait dit que je restais toujours au même endroit : la lueur me paraissait toujours aussi pâle, aussi lointaine. Seule l'odeur de soufre était de plus en plus prenante. Je continuais tout de même à marcher, d'un pas de plus en plus rapide : les hurlements, derrière moi, semblaient se rapprocher dangereusement.

Les parois ont été bientôt si rapprochées et le plafond si bas que je devais marcher à quatre pattes. Je m'éraflais les mains sur les pierres, dont les arêtes étaient tranchantes comme du verre. Pas moyen de reculer, pourtant : les hurlements stridents me poursuivaient toujours...

Croyez-le ou non, je n'avais pas peur. Pas du tout. Klonk m'avait prévenu : tout cela n'était qu'illusion. Je faisais un cauchemar, voilà tout. Je visitais une illusion créée par Morley. Plus tôt, j'étais au casino, et je me retrouvais maintenant dans une grotte, mais tout cela faisait partie du même rêve. Peut-être avais-je rêvé que j'étais dans un casino ? Peut-être avais-je rêvé toute cette histoire depuis le début : il n'y avait jamais eu de vol au casino de Montréal, ni d'œil de verre dans une valise, et j'allais bientôt me réveiller dans mon lit, mon bon lit bien chaud, avec Agathe à mes côtés, et de la cuisine viendraient des arômes de pizzas pochettes dont mon fils Félix serait en train de se goinfrer, et je me réveillerais pour de bon et j'irais boire un bon café et... AAAH !

Ce n'était rien, vraiment rien : une chauve-souris qui m'avait frôlé les cheveux, comme il fallait s'y attendre en ce genre d'endroit. Illusion, tout cela n'était qu'illusion. Si Morley s'imaginait qu'il allait me faire peur en m'envoyant des chauves-souris, eh bien... il avait parfaitement raison : je déteste les chauves-souris, tout autant que ces rats aux yeux rouges qui couraient entre mes jambes, et presque autant que ces mille-pattes phosphorescents qui commençaient à me grimper sur les bras! Au secours, quelqu'un! Réveillez-moi, aidez-moi à me sortir de là, faites quelque chose! Et ces hurlements qui me perçaient les oreilles, et cette lueur qui me semblait pâlir à mesure que je m'approchais d'elle, et cette odeur de soufre, et ces murs qui se refermaient sur moi, comme pour m'écraser...

Une porte! J'ai aperçu une porte, sur ma droite. Une vieille porte vermoulue... Je me suis arc-bouté, j'ai poussé de toutes mes forces, et le bois pourri a bientôt cédé sous mes efforts.

Je me suis retrouvé dans une immense salle éclairée par des centaines de torches. Partout autour de moi se trouvaient des chaînes et des fouets, des fourches et des haches, des guillotines et des tenailles, et d'autres instruments de torture que je serais bien incapable de nommer.

Tout au fond de la pièce, enfermé dans une cage de verre, se trouvait Klonk.

Et devant lui, occupé à tourner des boutons sur un appareil bizarre, Morley, que je voyais de dos mais que j'ai reconnu à son crâne chauve et bosselé, sans parler de l'odeur d'œufs pourris qui émanait de lui.

— Bienvenue chez moi, monsieur Fred, m'a-t-il dit sans même se retourner. Prenez place dans un de ces fauteuils, je vous en prie : vous allez bientôt assister à l'ultime duel, au triomphe de l'intelligence sur la bêtise et, concomitamment, à la déchéance totale de votre ami, le stupide et insignifiant Klonk! Approchez, approchez, vous ne le regretterez pas!

# CHAPITRE
# DIX

— Asseyez-vous, je vous en prie, monsieur Fred, pour assister à un spectacle que votre lamentablement minable cerveau n'aurait jamais pu imaginer!

J'ai bien vu un fauteuil, mais il était garni de courroies de cuir, de cercles de métal et de fils électriques. Cela ne m'inspirait pas confiance. J'ai préféré rester debout et m'approcher subrepticement de Morley : peut-être réussirais-je à l'assommer ou à dérégler son appareil, on ne sait jamais...

Je n'ai pas eu le temps de faire deux pas que je me suis senti immobilisé par une force aussi puissante qu'invisible : je ne pouvais plus bouger, pas même le petit doigt. Complètement immobilisé par...

— Par la volonté de Morley, le suprêmement omnipotent Morley, dont le cerveau est la plus considérable source d'énergie que l'univers a connue depuis le Big Bang! Vous voici incontestablement paralysé. Mais n'ayez crainte, monsieur Fred : je vous libérerai incessamment, de sorte que vous pourrez subséquemment m'applaudir aussi longuement que vous le voudrez! Vous pourrez même écrire mes aventures, si cela vous chante! Quand vous aurez vu ce que mon extraordinaire cerveau peut faire, plus personne ne s'intéressera à ce minable Klonk, cette insignifiante larve rampante! Regardez, regardez ce que peut faire la volonté de l'incommensurablement génial Morley!

Morley s'est alors tourné vers Klonk, toujours enfermé dans sa cage de verre, et toujours immobile. Mon ami était-il encore vivant? Je n'en savais rien. J'ai essayé de lui faire un signe, mais je ne pouvais même pas froncer les sourcils ni battre des paupières!

Morley a appuyé ses index sur ses tempes, tout en gardant les pouces en l'air, comme s'il avait voulu se tirer deux coups de revolver dans la tête. J'imagine qu'il essayait ainsi de mieux se concentrer.

Il se concentrait en effet, et tellement fort qu'une bosse est apparue sur le front de Klonk! Une bosse bleuâtre, qui n'en finissait plus de se développer. Elle était grosse comme une orange, puis comme un pamplemousse, et enfin comme une citrouille! Je ne voyais plus rien de la tête de Klonk, complètement cachée maintenant par cette excroissance hideuse.

— Que voilà une belle bosse, s'est écrié Morley, ou plutôt un bel œuf ! Je suis vraiment fier de moi ! Qu'est-ce que je pourrais bien faire sortir de cet œuf ? Un diable, peut-être ? Ce serait sympathique, oui : un diable de pierre, une gargouille bien laide, aussi laide que Klonk est incontestablement insignifiant ! Allez, Klonk, montre-nous ce que tu as dans le crâne !

Aussitôt ces mots prononcés, la bosse s'est ouverte, libérant une gargouille grimaçante, qui s'est envolée puis qui est allée se poser sur un perchoir, entre deux torches.

— N'est-ce pas un spectacle magistral ? Qu'est-ce que tu penses de ça, Klonk ?

Klonk n'a pas réagi. Totalement immobile, les yeux éteints, il ressemblait à une statue de cire.

— N'essaie pas de jouer les imbéciles, Klonk ! Je contrôle toutes tes fonctions vitales, et je sais que tu me vois et que tu m'entends ! Tu ne dis rien ? Tu ne savais pas que tu avais des diables dans la tête ? Attends, ce n'est pas fini ! Qu'est-ce que tu veux que je fasse apparaître, maintenant ? Un crocodile, une locomotive, une pyramide ? Et qu'est-ce que tu dirais d'une petite pluie, pour rafraîchir l'atmosphère ? Regarde, Klonk, regarde bien ! Et toi aussi, Fred !

Du plafond se sont mis à tomber des centaines, des milliers de bouts de papier. Certains ont papillonné devant mes yeux, et je pouvais donc y distinguer des têtes de présidents, des aigles et des chiffres... C'étaient des dollars, des centaines de milliers de dollars américains qui ont bientôt tapissé le sol, comme des feuilles en automne ! J'en avais jusqu'aux chevilles, et même jusqu'aux genoux!

—Les esprits inférieurs se contentent de faire bouger des billes ou des rondelles, mais les grands esprits, eux, sont capables de percer les coffres des casinos! Qu'est-ce que tu dis de ça, Klonk? Tu ne réponds toujours pas? D'accord, cessons ce cirque et passons aux choses sérieuses. Voici venue l'heure de la vérité, Klonk. Tu connais maintenant la triste vérité : je suis plus intelligent que toi. Dix mille, cent mille, cent millions de fois plus intelligent. En toute logique, c'est donc moi que Karine devrait aimer. En fait, elle m'aime déjà, sauf qu'elle ne le sait pas encore. Son amour est inexplicablement brouillé par ta présence. Je veux donc que tu disparaisses, Klonk! Que tu me laisses le champ libre! Et, comme je suis bon prince, je suis prêt à te donner tout cet argent, et même à t'enseigner quelques-uns de mes pouvoirs, à condition que tu me redonnes Karine! C'est ma Karine à moi, et tu le sais très bien! C'est moi qu'elle aime, seulement moi, moi, moi! Elle m'a toujours aimé! Tu t'imagines qu'elle t'aime, mais c'est faux: tu n'es qu'une ignominieuse insulte à mon génie! Tu m'entends, Klonk? Y a-t-il assez de neurones dans ta cervelle de dindon pour que tu puisses comprendre mes paroles?

Mais Klonk a continué à se taire. Immobile dans sa cage de verre, les yeux clos, il n'a pas bronché. Morley commençait à s'énerver. Il tournait des boutons et des manettes, consultait des cadrans, tournait en rond, s'épongeait le front :

— N'essaie pas de me faire marcher, Klonk. Je sais que tu es vivant et que tu comprends parfaitement tout ce que je te dis. Et je sais pertinemment que tu ne dors pas! Montre-moi donc ce que tu sais faire, maintenant, de sorte que ton ami voie à quel point tu es incontestablement minable! À moins que... À moins que je ne m'en prenne à ton ami Fred? Quelle bonne idée ce serait, n'est-ce pas, Klonk? Je pourrais le torturer un peu, histoire de rire...

— Tu ne toucheras pas à Fred, Morley. Et tu ne toucheras pas à Klonk non plus. Tu ne toucheras à rien du tout, tu m'entends?

Klonk n'avait toujours pas bougé. Ce que nous entendions, c'était la voix de Karine, une voix puissante qui semblait venir de la gargouille de pierre perchée entre les deux flambeaux.

— Karine! s'est écrié Morley. Karine, mon amour! Où es-tu?

— Je suis dans le visible et l'invisible, dans le passé et dans l'avenir, je suis là où je veux, mais pour le moment je suis ici, dans cette gargouille, et je suis déçue, très déçue.

— Déçue? a répondu Morley en s'agenouillant sous la statue. Tu es déçue de moi, Karine ô mon amour? Ne t'ai-je pas impressionnée en faisant tomber des billets de banque du plafond et en contrôlant le cerveau de ce lamentable Klonk?

— Tu m'impressionnes beaucoup, Morley. Tu es vraiment beaucoup plus fort que Klonk. Mille fois plus fort!

— Tu... Tu crois vraiment ce que tu dis, Karine?

— Je le crois vraiment, oui. Si je le compare à toi, Klonk n'est qu'un imbécile, une larve pitoyable, un triste taré. Tu es vraiment le plus fort, Morley, mais ça ne change rien.

— Ça ne change rien à quoi?

— Je l'aime! C'est lui, seulement lui que j'aime!

— Mais c'est impossible, Karine! Tu viens tout juste de

dire que Klonk n'est qu'un triste taré, un imbécile, une larve!

— Et alors? Je l'ai dit et je le maintiens : Klonk est un imbécile infatué, un petit minable, mais je l'aime! Cela ne s'explique pas. Je l'aime, c'est tout!

— Non! Tu ne peux pas aimer cette caricature barbue, c'est impossible! C'est moi que tu aimes, Karine! Il faut que tu m'aimes!

Morley s'est alors mis à pleurer, à pleurer comme si tout son corps ne contenait que du liquide. Il a pleuré des torrents de larmes, tellement que l'eau salée est montée, montée jusqu'à mes chevilles, puis jusqu'à mes genoux, puis jusqu'à mon cou.

Sous mes yeux, Morley a été englouti sous des vagues de larmes. J'ai vu quelques bulles qui venaient crever à la surface, et puis plus rien.

Morley s'était noyé. Noyé dans ses propres larmes!

Libéré de sa magie, j'ai pu heureusement nager jusqu'à un canot de sauvetage dans lequel se trouvait Klonk, qui avait réussi à s'extraire de sa cage de verre.

Nous avons vogué tous les deux sur des flots de larmes, et les flots se sont transformés en torrents qui ont entraîné notre canot de sauvetage dans un labyrinthe de couloirs souterrains jusqu'à une chute, une immense chute, bien plus grande que les chutes du Niagara. Et nous sommes tombés dans un gouffre sans fond...

# CHAPITRE ONZE

Lorsque je me suis enfin réveillé, j'étais dans mon lit, à l'hôtel *Golden Pirate.*

J'avais donc rêvé tout cela? Quel étrange cauchemar! Mais à partir de quand, exactement, ce rêve avait-il commencé? Et pourquoi est-ce que cela sentait si mauvais, dans cette chambre? Il fallait que je me plaigne à la direction de l'hôtel.

Je me suis extirpé de mon lit d'eau en forme de canot de sauvetage et je me suis dirigé vers la roue de gouvernail, que j'ai fait tourner pour ouvrir les rideaux et laisser entrer le soleil : ce qui était certain, c'est que je me trouvais bel et bien à Las Vegas.

La ville semblait endormie, en ce torride après-midi d'été. Peut-être que nous venions tout juste d'arriver? Je me serais étendu pour faire une sieste, et mon cerveau, obnubilé par les événements des derniers jours, m'aurait fabriqué un cauchemar malodorant?... Mais d'où pouvaient bien provenir ces mauvaises odeurs? Étaient-elles le produit de mon imagination? Comme un relent de cauchemar qui ne se serait pas encore dissipé? J'ai tenté d'ouvrir les fenêtres, pour changer l'air de la pièce...

— Comme ça fait du bien de se sentir propre, a dit Klonk en sortant de la salle de bains dans un nuage de vapeur. L'atmosphère était tellement nauséabonde, dans ces cavernes! Cela ne me surprend pas outre mesure, je dois dire : Morley ne s'est jamais lavé de sa vie. Il est tellement sale que même les illusions qu'il crée sentent mauvais! Inutile d'essayer d'ouvrir les fenêtres, mon pauvre ami!

— Tu veux dire que... Que tout cela était vrai? Nous sommes vraiment allés au casino, puis nous sommes descendus dans une grotte, là où des milliers de dollars tombaient du plafond?

— Oui et non... Commence par aller te laver, je t'expliquerai tout cela après. En attendant, je nous commande une collation. Je meurs de faim! J'espère qu'il y a des sandwichs au salami hongrois, dans cette ville de fous!

Klonk avait raison de me suggérer de me laver : c'étaient mes vêtements et mes cheveux qui empestaient. On aurait dit que j'avais passé une soirée dans un congrès de fumeurs de cigares!

Je suis resté un long moment sous la douche, à essayer de réfléchir sans trop y réussir : Morley aurait donc réussi à nous

hypnotiser à l'aide d'une roulette de casino, ensuite il nous aurait convaincus que nous descendions dans une grotte... Mais si tout cela n'avait été qu'illusion, pourquoi donc sentions-nous si mauvais ? C'était à n'y rien comprendre !

Je me suis lavé deux fois plutôt qu'une et je me suis donné un double shampooing. Quand je suis sorti de la salle de bains, Klonk était déjà attablé devant le repas qu'il avait commandé : des sandwichs au salami hongrois, et des biscuits feuille d'érable comme dessert.

— Je ne le sais pas moi non plus, m'a-t-il dit entre deux bouchées, avant même que je lui aie posé une question.

— Tu ne sais pas quoi ?

— Je ne sais pas où s'arrête la réalité et où commence la fiction. Morley a réussi à nous hypnotiser, c'est certain. Nous a-t-il transportés ensuite dans les caves du casino, ou bien nous a-t-il seulement suggéré ces images ? Étant donné les odeurs que nous avons rapportées avec nous, je pencherais en faveur de la première hypothèse, mais... En fait, je ne suis sûr de rien. Il est vraiment très fort, ce Morley de malheur ! Comment a-t-il pu nous hypnotiser tous les deux en même temps, et nous faire participer aux mêmes illusions ? Voilà qui dépasse l'entendement ! J'ai même étudié une troisième possibilité : peut-être son cerveau est-il si puissant qu'il réussit à construire, au moins temporairement, de nouvelles réalités ? Peut-être ces grottes et cette salle de torture ont-elles réellement existé, l'espace d'un rêve ? J'espère que tu comprends mieux, maintenant, pourquoi je n'ai pas bougé : comment aurais-je pu entrer en compétition avec lui, alors que j'étais sûr de perdre ? Morley est trop fort pour moi !

J'étais estomaqué : mon ami Klonk, habituellement si fier de son intelligence et de ses pouvoirs, admettait sans broncher que Morley lui était supérieur! Et il m'avouait tout cela entre deux bouchées de sandwich, comme si cela n'avait aucune importance...

— Ce n'est que lorsqu'il a menacé de s'en prendre à toi que j'ai décidé d'intervenir, a-t-il poursuivi après avoir avalé sa bouchée.

— C'est donc toi qui as imité la voix de Karine? Je m'en doutais... Mais comment Morley a-t-il pu tomber dans un piège aussi grossier?

— Morley est tellement prétentieux qu'il ne pouvait pas imaginer que c'était moi, Klonk, qui m'insultais moi-même!

— Je comprends... Mais, dis-moi... Ça ne devait pas être facile pour toi de te traiter de larve pitoyable, de triste taré, d'imbécile infatué, de petit minable et de caricature barbue!

— Je trouve que tu as une excellente mémoire, tout à coup... C'était très amusant, au contraire. Le plus difficile, curieusement, a été de me faire des déclarations d'amour! Et, puisqu'il est question d'amour, fais tes bagages, nous rentrons immédiatement à Québec. J'ai tellement hâte de revoir ma petite famille!

# CHAPITRE DOUZE

Lorsque nous sommes enfin arrivés chez Klonk, à Québec, tout le monde nous attendait dans la cour, autour d'un barbecue. Il y avait Karine, évidemment, et Agathe, qui était venue l'aider à garder les jumeaux, de même que ma fille Évelyne, qui était rentrée de Vancouver pour passer ses vacances avec nous, et enfin mon fils Félix, qui essayait de faire cuire ses pizzas pochettes sur le charbon de bois. Charlemagne et Charlotte, les jumeaux, faisaient une sieste dans leur lit portatif, à l'ombre d'un saule pleureur. Il y avait aussi les deux policiers de Montréal, qui n'en finissaient plus de nous poser des questions et d'essayer, tant bien que mal, de noter nos réponses :

— Vous prétendez donc, a dit le policier qui ressemblait à un lutteur de sumo, que ce monsieur Morley est un célèbre magicien qui est depuis longtemps amoureux fou de Karine. Il a réussi à faire disparaître les billets qui étaient dans la valise et à les remplacer par un œil de verre, puis à immobiliser un avion dans le ciel, et enfin à faire apparaître des grottes imaginaires sous les casinos de Las Vegas, dans lesquelles les dollars tombaient du plafond...

— Et vous prétendez aussi, a ajouté la policière qui ressemblait à une souris, que ce magicien a tellement pleuré qu'il a inondé la grotte, qu'il s'est noyé dans ses propres larmes, et que vous vous êtes retrouvés dans un canot de sauvetage... Tout cela, vous en conviendrez sans doute, est difficile à avaler!

— Vous avez pourtant vu comme nous un œil s'ouvrir et se refermer dans la main d'un préposé au stationnement, non? a répliqué Klonk. Morley est un maître de l'illusion. S'il peut faire apparaître un œil dans sa main, pourquoi ne ferait-il pas apparaître des cavernes et des salles de torture?

— Je veux bien vous croire, a répondu la souris, mais il faut que je rédige un rapport, et je doute que mes supérieurs...

— Gnomenum-menum!

Tout le monde s'est tourné vers Félix, qui venait de proférer ces drôles de sons.

— Pourrais-tu répéter, s'il te plaît?

— Menum-menum... glup... Je disais que ces pizzas pochettes cuites sur charbon de bois sont tout simplement délicieuses! Vous en voulez?

— Non merci, a dit la policière qui a ajouté, en se tournant vers nous : Comment puis-je expliquer cela à mes supérieurs? Personne ne me croira!

— J'ai une idée, ai-je répondu. Tout ce que Klonk et moi venons de vivre, je le décrirai fidèlement, le plus exactement possible, dans un roman. J'ai l'habitude. De votre côté, vous vous transformerez en romanciers, votre collègue et vous, et vous inventerez une histoire : racontez, par exemple, que nous avons poursuivi Morley jusqu'à Las Vegas, mais que nous avons perdu sa trace dans le désert. Vous remettrez mon roman aux autorités, en même temps que votre rapport. À eux de choisir la version qu'ils préfèrent!

— Ce n'est pas bête, a dit la souris, songeuse. Qu'est-ce que vous en pensez, cher collègue?

— Menum-menum... Glup... Ça me paraît la solution la plus sage... Si nos chefs préfèrent croire nos mensonges plutôt que la vérité que racontera monsieur Fred, c'est leur affaire! Délicieuses, ces pizzas pochettes! J'en prendrais bien une autre!

— Menum-menum-menum! s'est exclamé Félix, qui regardait le ciel, les yeux exorbités.

Nous avons levé les yeux à notre tour, et nous avons vu... un chat volant! Trépied, le chat à trois pattes de Klonk, était suspendu dans les airs, au-dessus de nos têtes! Le plus drôle, c'est que la pauvre bête ne paraissait pas effrayée : elle se lavait les pattes, comme si de rien n'était!

— Charlemagne, a dit Karine, veux-tu laisser ce pauvre chat tranquille!

Le chat s'est posé tout doucement sur le sol, et il a déguerpi aussitôt.

— Les jumeaux s'entendent maintenant à merveille, a dit Karine... Mais c'est le pauvre Trépied qui en souffre! Quel drôle de passe-temps, pour des

bébés, que de faire voler des chats!

— Ce n'est pas mon avis, a répondu Klonk en se penchant sur le lit des jumeaux. Il est bien plus intéressant de faire voler des chats que d'aller jouer au casino! Ils ont beaucoup d'avenir, ces enfants!

# CHAPITRE
# TREIZE

MGMONUP... Non, ce n'est pas mon fils qui essaie de me parler tout en mangeant des pizzas pochettes. Ce sont les lettres avec lesquelles je dois former un mot, au scrabble. Je pourrais faire GNOU, mais ce ne serait pas très payant... Il y a aussi MÉMO, que je pourrais composer avec un E libre, mais ce serait encore pire... POU? Ridicule!

J'aurais dû refuser cette partie. Klonk, qui jouait le premier, a fait WAPITIS. Quel début! Sept lettres, avec le W qui compte double, et le mot en entier qui compte aussi double! Karine a ensuite utilisé le T pour placer

AZTÈQUE! Et Agathe, loin d'être en reste, a réussi un LARYNX! J'aurais l'air de quoi, avec mon POU? L'air d'un pou, oui. Réfléchissons encore. MOU? Ce n'est pas très brillant! J'ai le cerveau trop mou, voilà ce qui arrive... Un pou mou. Il y aurait toujours COUP, mais il n'y a pas de C sur le jeu... Le pou mou rate son coup. PUNI? Il n'y a pas de I qui soit libre...

Heureusement que Félix et Évelyne ne jouent pas avec nous, je serais encore plus humilié! Mes enfants ont préféré regarder des films tout en s'occupant des jumeaux. L'ennui, c'est qu'ils ont été obligés d'en louer dix! Charlemagne et Charlotte se mettent en effet à hurler aussitôt qu'ils trouvent l'action trop lente, et il faut donc leur passer tous les films en accéléré! Ils n'ont pas fini de nous étonner, ces enfants-là! Et s'il y a des oiseaux dans les parages, ils vont être étonnés eux aussi : je voudrais apercevoir leur tête quand ils verront apparaître un chat volant !

Mais revenons à nos moutons. GOÛT ? Ce serait possible, oui, mais guère payant... Réfléchissons encore... PUMA ? Cela mérite d'être retenu : je me débarrasserais à la fois d'un P et d'un M... Mais peut-être qu'il y a mieux ? NOUE ? C'est nul !... Je me demande comment nos amis les policiers vont réussir à inventer leur rapport... *Klonk et Fred ont suivi Morley jusqu'à Las Vegas, mais celui-ci a disparu dans le désert...* Cela me semble crédible. Le plus drôle, c'est de le faire disparaître dans le désert, un endroit sec, alors qu'il s'est noyé dans un océan de larmes... Ils avaient l'air de bien s'entendre, ces policiers-là : quand ils nous ont quittés, tantôt, ils se faisaient des yeux doux et ils sont partis la main dans la main ! Un lutteur de sumo et une souris, ça fait un drôle de couple! C'est toujours étrange de penser que des policiers puissent éprouver de tels sentiments... Ce sont pourtant des êtres normaux, et ces deux-là, en plus d'être normaux, étaient très sympathiques...

Et, puisqu'on parle de sentiments, j'en éprouve de bien curieux quand je pense à Morley. J'y réfléchissais justement, tout à l'heure, en me demandant comment je le décrirais dans ce roman. Morley est horrible, évidemment. Il est méchant, vaniteux et sale. C'est un personnage absolument dégoûtant. Et pourtant, je serais franchement désolé qu'il se soit vraiment noyé dans ses larmes. Il est tellement vulnérable, tellement malheureux... S'il pouvait être amoureux, lui aussi, peut-être cesserait-il d'être aussi méchant? Pauvre Morley!

Qu'est-ce que je suis en train de dire là, moi?! Est-ce que je suis vraiment en train de m'apitoyer sur cet ignoble Morley?

Lorsque nous avons reparlé de toute cette histoire, avant d'entreprendre notre partie de scrabble, nous avons conclu que Morley a sans doute survécu, et qu'il va probablement rester caché quelque temps dans un de ses repaires, comme un animal malade. Lorsque la grande blessure qu'a subie son amour-propre sera guérie, il va sûrement revenir nous tourmenter, et Dieu sait ce qu'il va inventer pour nous embêter...

Heureusement qu'il ne joue pas au scrabble, celui-là! Avec ses talents pour l'hypnose et son goût pour les adverbes compliqués, il serait capable de nous placer un IGNOMINIEUSEMENT en douce, ou même un ANTICONSTITUTIONNELLEMENT!

Comme s'il était possible que je joue au scrabble avec l'ignoble Morley... Revenons plutôt à notre jeu... Je crois que je vais finir par atteindre mon but : Klonk est endormi, de même que Karine, et Agathe cogne des clous... Quelques secondes encore, et... Voilà, elle s'est assoupie... Il ne reste plus qu'à ranger le jeu. Lorsqu'ils se réveilleront, je leur raconterai que j'aurais bien aimé terminer la partie, mais que, malheureusement, ils n'ont pas eu suffisamment de patience...

Il n'y a pas que Klonk qui soit capable de tricher!

Bonne nuit, tout le monde!

FIN

AGMV MARQUIS
Québec, Canada